Herbst • Winter • Gemüse

Wohlfühl-Rezepte für kalte Tage

Inhalt

Gemüsesaison …

Warum ein Gemüse-Kochbuch für Herbst und Winter?
Für spannende Neuentdeckungen!
Für kreatives Umdenken in unseren Küchen!
Für ökologisch sinnvolle Nahrungsmittel aus regionalem Anbau!
Für frischen Geschmack und gesunden Genuss!

Ob Kohl oder Kürbisse, Rüben oder Kartoffeln – unsere heimischen Wintergemüse haben den ganzen Sommer lang Sonne getankt. Nun stecken sie voll gesunder Inhaltsstoffe und bestem Geschmack, die uns in der kalten Jahreszeit verwöhnen. Entdecken Sie, was Wochenmarkt, Gemüsehändler oder auch die Bio-Kiste zu bieten haben. Lassen Sie sich verführen von Altbewährtem in neuen Geschmackskombinationen und mit ungewöhnlichen Zutaten. Dieses Buch soll eine Anregung sein, bekannte und auch unbekannte oder fast vergessene Gemüse wieder neu zu entdecken und Herbst und Winter als vitaminreiche und leckere Zeit mit allen Sinnen zu genießen.

Die Rote Bete

Die knallige Knolle

Die Rote Bete, mal nicht sauer eingelegt aus dem Glas, ist ein überraschendes Gemüse. Der besondere erdige und leicht süße Geschmack macht Lust auf vielseitige Rezepte. Und auch die Blätter schmecken, wie Spinat zubereitet, sehr lecker.

Für puren Genuss sanft in Butter braten, dann salzen und pfeffern, gehackte Petersilie drüber – wunderbar! Haben Sie sich an den erdigen Naturgeschmack gewöhnt, können Sie experimentieren: mit Kümmel oder Kreuzkümmel, mit Zitrone und Olivenöl.

Oder wie wär es mal mit rosa Kartoffelpüree? Die Rote Bete zusammen mit ein paar mehligkochenden Kartoffeln und etwas Sellerie pürieren. Dazu ein Spiegelei, wie in Griechenland sanft in Olivenöl gebraten – ein bunter Gaumen- und Augenschmaus für graue Tage!

Rote Bete

Das ist dran und das steckt drin

Klassiker Die Rote Bete gehört zu den klassischen Wintergemüsen, obwohl sie auch im Frühjahr Saison hat. Die Ernte der Lagerknollen beginnt vor dem ersten Frost im Oktober. Kaum einer weiß, dass man auch das frische Grün der roten Knollen zum Würzen verwenden oder wie Spinat zubereiten kann. Wenn man im Herbst die letzten frischen Rote Bete als Bundware mit Grün bekommt, heißt es also zugreifen und ausprobieren! Die Rote Bete kann roh oder gekocht verzehrt werden. Berühmt-berüchtigt ist sie vor allem sauer eingelegt aus dem Glas. So blieben die roten Knollen aber lange Zeit weit von ihrem eigentlichen Geschmacks-Potenzial entfernt.

Verarbeitung Bei der Verarbeitung von Roter Bete empfiehlt es sich, Handschuhe zu tragen. Denn was früher Textilien färbte, färbt heute immer noch die Hände leuchtend rot. Geht mal was schief, kann man versuchen, die Farbe mit Hilfe von Zitronensaft zu entfernen. Beim Säubern sollte man darauf achten, die Schale der roten Rüben nicht zu verletzen, da sie sonst ausbluten und Farbe und Aroma verloren gehen.

Inhaltsstoffe Die Rote Bete verdankt – selbstverständlich – ihren Namen ihrer charakteristischen Farbe. Verantwortlich dafür ist der Farbstoff Betanin. Er wird auch industriell genutzt und steckt als E162 zum Beispiel in Gummibärchen. Betanin zählt zu den sogenannten sekundären Pflanzenstoffen. Diese Substanzen sind unter anderem in der Lage, sogenannte freie Radikale abzufangen und so unsere Zellen zu schützen – deshalb gelten sie auch als Krebs vorbeugend. Die Inhaltsstoffe der Roten Bete können aber noch mehr: Reichlich enthalten sind auch Folsäure und Eisen, die unter anderem wichtig für die Blutbildung sind und unsere Leistungsfähigkeit positiv beeinflussen. Nach neuen Erkenntnissen soll der tägliche Genuss von frischem Rote-Bete-Saft sogar den Blutdruck senken können.

Sorten Die uns bekannten roten, runden Knollen sind eine Züchtung aus dem 19. Jahrhundert. Es gibt Rote Bete aber auch noch in vielen anderen Sorten: längliche, birnenförmige, rot-weiße und gelbe, die aber alle recht ähnlich wie die roten schmecken und nur selten im Laden angeobten werden. Für Neugierige und Experimentierfreudige bleibt da oft nur der Selbstanbau.

Rote-Bete-Schnitzel mit Walnusskruste

Für 4 Personen
Zubereitung: 40 Minuten
Kochzeit: 45 Minuten

Für die Rote Bete
300 g Rote Bete
2 Eier
5 Pimentkörner
50 g Mehl
Salz, Pfeffer
200 g Walnusskerne
6 EL neutrales Öl

Für den Salat
250 g Rapunzelsalat
1 TL Honigsenf
1 EL Blütenhonig
Salz, Pfeffer
2 EL Himbeeressig
4 EL Walnussöl

Die Rote Bete vorsichtig säubern und mit Schale etwa 45 Minuten in Salzwasser kochen. Währenddessen den Rapunzelsalat waschen, putzen und trockenschleudern. Für die Vinaigrette Senf, Honig, Pfeffer und Salz mit dem Essig vermischen und das Walnussöl unterschlagen. Die Eier verquirlen. Pimentkörner im Mörser zerstoßen, zum Mehl geben und mit Pfeffer und Salz würzen. Walnusskerne fein hacken.

Die Rote Bete kalt abschrecken und schälen, dabei Wurzel- und Blätteransatz abschneiden. Die Rote Bete quer in etwa 1,5–2 cm dicke Scheiben schneiden.

Die Rote-Bete-Scheiben im gewürzten Mehl wenden, durch das verquirlte Ei ziehen und mit den gehackten Walnüssen panieren. Öl in einer Pfanne erhitzen und die Rote-Bete-Schnitzel bei mittlerer Hitze von jeder Seite 2–3 Minuten ausbacken und auf Küchenpapier entfetten.

Rapunzelsalat mit der Vinaigrette mischen und die Rote-Bete-Schnitzel auf dem Salat anrichten.

Rote-Bete-Eintopf mit Zitrone und Ingwer

Für 6 Personen
Zubereitung: 20 Minuten
Kochzeit: 30 Minuten

1 kg Rote Bete
4 große Zwiebeln
600 g Kartoffeln *(festkochend)*
4 EL Olivenöl
30 g Ingwer
1 Lorbeerblatt
Saft von 3 Zitronen
1/2 Bund Dill
Salz
Piment, gemahlen

Rote Bete und Zwiebeln schälen und in grobe Stücke schneiden. Die Kartoffeln schälen und würfeln. Das Olivenöl in einem Topf erhitzen und die Kartoffeln darin kurz scharf anbraten. Zwiebeln und Rote Bete dazugeben und mit 700 ml Wasser aufgießen.
Den Ingwer schälen und reiben oder fein würfeln, mit dem Lorbeerblatt zum Gemüse geben und alles zusammen etwa 30 Minuten leicht köcheln lassen. Wenn das Gemüse gar ist, das Lorbeerblatt entfernen und mit dem Pürierstab oder dem Kartoffelstampfer alles grob zerkleinern.
Den Zitronensaft dazugießen und mit Salz und Piment abschmecken. Je nach gewünschter Konsistenz noch etwas Wasser hinzufügen. Dillblättchen von den Stängeln abzupfen und den Eintopf damit garnieren.
Mit frischem Weissbrot servieren.

Für die Optik: Soll der Eintopf etwas feiner aussehen, die Kartoffeln getrennt von der Roten Bete als Salzkartoffeln zubereiten. Die Kartoffeln erst kurz vor dem Servieren vorsichtig unter den fertigen Eintopf mischen.

Gefüllte Rote Bete mit Fetakäse

Für 4 Personen
Zubereitung: 30 Minuten
Koch-/Backzeit: 60 Minuten

4 mittelgroße Rote Bete
3 EL rote Linsen
200 g Fetakäse aus Schafsmilch
200 g saure Sahne
1 Knoblauchzehe
1/2 Bund Majoran
Salz, Pfeffer
2 EL Olivenöl

Die Rote Bete vorsichtig abbürsten und mit Schale in Salzwasser etwa 45 Minuten weich kochen, dann kalt abschrecken.
Während dessen die Linsen mit etwas kochendem Wasser übergießen und 10 Minuten einweichen. Fetakäse zerbröseln und mit der sauren Sahne mischen. Knoblauch schälen und fein hacken. Die Majoranblättchen von den Stielen streifen und die Blättchen bis auf 1 EL zusammen mit dem Knoblauch zu der Feta-Sahne-Mischung geben. Linsen abgießen und ebenfalls zur Käsemischung geben. Alles gut verrühren, mit Salz und frisch gemahlenem Pfeffer abschmecken.
Von der Roten Bete Wurzel- und Blätteransatz abschneiden und schälen. Die Knollen vorsichtig, am besten mit einem Kugelausstecher, aushöhlen, so dass ringsum ein Rand stehen bleibt. Die ausgehölten Rote Bete mit der Käsemischung füllen.
Eine Auflaufform mit Olivenöl dünn auspinseln und die gefüllten Rote Bete in die Form setzen. Bei 200 °C auf der mittleren Schiene im Backofen etwa 20 Minuten backen.
Vor dem Servieren mit den übrigen Majoranblättern bestreuen.

Rote-Bete-Chips mit Knoblauchdip

Snack für 8 Personen
Zubereitung: 40 Minuten

Für den Dip
400 g Kartoffeln
(mehligkochend)
100 ml Gemüsebrühe
2 Knoblauchzehen
3 EL Olivenöl
Saft von 1 Zitrone
Salz, Pfeffer
1/2 Bund Dill

Für die Rote-Bete-Chips
3 Rote Bete
1 l Pflanzenöl
Fleur de Sel

Für den Dip die Kartoffeln mit Schale in Salzwasser weich garen, kalt abschrecken, pellen und durch den feinen Einsatz der Kartoffelpresse drücken. Mit der Gemüsebrühe glatt rühren. Knoblauch schälen, sehr fein hacken und zu der Kartoffelcreme geben. Mit Olivenöl, Zitronensaft, Pfeffer und Salz abschmecken. Dill abzupfen, grob hacken und unter den Dip rühren.
Für die Chips die Rote Bete schälen und mit dem Gemüsehobel in feine Scheiben schneiden. Das Pflanzenöl erhitzen – es ist heiß genug, wenn sich an einem hineingetauchten Holzlöffel kleine Bläschen bilden. Die Rote-Bete-Scheiben portionsweise ins Fett geben und einige Minuten ausbacken. Auf Küchenpapier abtropfen lassen und mit Fleur de Sel würzen. Die Chips werden erst beim Auskühlen knusprig.
Die abgekühlten Chips mit dem Knoblauchdip servieren.

Chipsvarianten: Für die Chips kann man natürlich auch viele andere Gemüsesorten verwenden. Am besten eignen sich feste Knollen oder Wurzeln wie Möhren, Pastinaken, Meerrettich und so weiter. Auch Kartoffelchips schmecken selbstgemacht viel besser als aus der Tüte. Vorsicht! Gemüsesorten, die viel Wasser enthalten, spritzen beim Frittieren. Also Deckel auf den Topf oder eine Fritteuse verwenden.

Der Kürbis

Eine delikate Beere

Die Entdecker Amerikas brachten den Kürbis nach Europa und obwohl es ihn auch hier schon so lange gibt, ist er bei uns erst in den letzten Jahren so richtig in Mode gekommen. Und so kann man inzwischen jedes Jahr im Herbst und Winter immer wieder neue Kürbissorten entdecken – von klein bis riesig, von grau über grün bis hin zu leuchtend orange. Rund 800 Sorten gibt es und ein Vielfaches an Zubereitungsmöglichkeiten.

Außer dem Fruchtfleisch, je nach Sorte mit oder ohne Schale, verwendet man in der Küche auch Blätter, Blüten und Kerne. Das delikate grüne Kürbiskernöl verfeinert – als spannende Alternative zum Olivenöl – Suppen, Salate und sogar Desserts.

Botanisch ist der Kürbis übrigens eine Beere – allerdings eine sehr große. Bei Meisterschaften gewinnen prächtige Exemplare von knappen 500 Kilogramm Gewicht.

Kürbis

Sortenvielfalt von miniklein bis riesengroß

Alle 800 Kürbissorten haben eines gemeinsam: den milden Geschmack. Deshalb kann man Kürbis, egal welcher Sorte, für die unterschiedlichsten Gerichte verwenden: vom süßen Kuchen über deftige Aufläufe bis hin zur feinen Cremesuppe, süß-sauer eingelegt oder exotisch gewürzt. Das im orangefarbenen Fruchtfleisch reichlich enthaltene Betakarotin fängt als sekundärer Pflanzenstoff freie Radikale und schützt die Zellen. Im leuchtend grünen Öl der Kürbiskerne stecken, wie in Olivenöl, eine Menge ungesättigte Fettsäuren.

Hokkaido Der Hokkaido ist der Lieblingskürbis in den Küchen. Und das nicht nur dank seiner weichen und essbaren Schale, die mühsames Schälen erspart. Sein leuchtend orangefarbenes Fruchtfleisch schmeckt nussig-süßlich und enthält besonders viel Betakarotin.

Muskatkürbis Der Muskatkürbis ist einer der aromatischsten Kürbisse. Er ist breit gerippt und grün mit orange-gelben Einfärbungen. Der Muskatkürbis wird um die 10 kg schwer und deswegen meist als Teilstück angeboten. Das Fruchtfleisch ist fest und wohlschmeckend und ergibt eine köstliche Suppe oder eignet sich zum Braten.

Butternut Der Name sagt es schon: Dieser flaschenförmige Kürbis schmeckt leicht buttrig und nussig. Schale und Fruchtfleisch sind hellorange. Die harte Schale wirkt wie von Wachs überzogen, weshalb sich diese Sorte besonders lange hält und bis in den Frühling hinein verkauft wird.

Großer Zenthner So stellt man sich einen Kürbis vor! Der Klassiker unter den Kürbissorten wird bis zu 15 kg schwer. Der Große Zenthner ist leuchtend gelb bis orange, die Schale hat eine Netzstruktur. Auf Märkten bekommt man auch den Großen Zenthner meist als Teilstück angeboten. Sein Geschmack ist besonders mild und wenig aromatisch.

Jack Be Little Dieser gelbe Minikürbis sieht nicht nur süß aus, sondern schmeckt auch so. Die kleinen, dekorativen Früchte wiegen zwischen 150 g und 300 g und eignen sich besonders gut zum Füllen. Die Schale des Kleinen wird beim Kochen oder Backen weich und kann wie beim Hokkaido mitgegessen werden.

Die obligatorische Kürbissuppe

Für 6 Personen
Zubereitung: 30 Minuten
Kochzeit: 20 Minuten

- 1,2 kg Muskatkürbis
- 2 große Zwiebeln
- 1 Knoblauchzehe
- 3 Pimentkörner
- 30 g Butter
- 750 ml Gemüsebrühe
- 100 ml Weißwein
- Salz, Pfeffer
- 3 EL Balsamico
- 40 g Kürbiskerne
- 100 g Crème fraîche
- 6 EL Kürbiskernöl

Den Kürbis schälen, halbieren und die Kerne entfernen. Das Kürbisfleisch in grobe Stücke schneiden.
Zwiebeln und Knoblauch schälen und würfeln, Pimentkörner im Mörser zerstoßen. In einem Topf die Zwiebelwürfel in Butter glasig dünsten, den Knoblauch, die zerstoßenen Pimentkörner und die Kürbisstücke dazugeben. Das Gemüse kurz etwas mitdünsten, dann mit Brühe und Weißwein ablöschen. Etwa 20 Minuten köcheln lassen.
Wenn der Kürbis weich ist, die Suppe fein pürieren und falls nötig noch mit Gemüsebrühe verdünnen. Mit Salz, Pfeffer und Balsamico abschmecken.
Kürbiskerne in einer Pfanne ohne Fett anrösten. Die Suppe in Teller oder Suppenschälchen füllen, je 1 TL Crème fraîche daraufgeben, mit Kürbiskernöl beträufeln und mit den gerösteten Kürbiskernen bestreuen.

Suppe verfeinern: Geröstete Speckstreifen, gehobelter Parmesan, frische Alfalfa-Sprossen, geröstete Pinienkerne, frisch gezupfter Parmaschinken – die Kürbissuppe mag Aroma-Kombinationen und der Phantasie sind keine Grenzen gesetzt. Diese Zugaben stellt man in kleine Schüsselchen auf den Tisch, so kann sich jeder seine Suppe nach Geschmack verfeinern.

Gelbes Kürbiscurry mit Reis

Für 4 Personen
Zubereitung: 20 Minuten
Kochzeit: 15 Minuten

- 1 kg Butternut-Kürbis
- 2 Zwiebeln
- Schale von 1 Bio-Zitrone
- 2 EL Kokosfett
- 1 l Gemüsebrühe
- 1 Zweig Rosmarin
- 1/2 TL gem. Fenchelsamen
- 100 g Basmatireis
- 1 TL Kurkuma
- Salz, Pfeffer

Den Kürbis zerteilen und die Kerne herauskratzen, schälen und in etwa 2–3 cm große Würfel schneiden. Zwiebeln pellen und würfeln. Die Zitrone dünn abschälen. Dabei darauf achten, dass die Schale in möglichst großen Stücken erhalten bleibt.
2 EL Kokosfett in einem Topf schmelzen, die Kürbis- und Zwiebelwürfel darin andünsten. Mit Gemüsebrühe auffüllen. Rosmarin, Zitronenschale und Fenchelsamen dazugeben und alles ungefähr 20 Minuten leicht köcheln lassen. Dann den Reis und das Kurkuma unterrühren und weitere 10–15 Minuten köcheln lassen, bis der Reis gar ist.
Rosmarin und Zitronenschale herausnehmen und vor dem Servieren mit Salz und Pfeffer abschmecken.

Fleischeinlage: Wem das Fleisch in diesem Gericht fehlt, kann noch gebratenes Hähnchenbrustfilet zugeben. Dazu 400 g Hähnchenbrustfilet in mundgerechte Stücke schneiden und scharf anbraten. Dann erst Zwiebeln und Kürbis zugeben und das Curry wie im Rezept beschrieben zubereiten.

Kürbisnocken mit Postelein

Für 4 Personen
Zubereitung: 1 1/4 Stunden

Für die Nocken
400 g Kartoffeln
(mehligkochend)
800 g Hokkaidokürbis
1/2 TL Olivenöl,
1 Ei
300 g Mehl
Salz, Pfeffer
Muskatnuss
3 EL Butter
ca. 150 g Parmesan

Für den Salat
300 g Postelein
Saft von 1 Orange
1 EL Agavendicksaft
1 TL Senf
Salz, Pfeffer
2 EL Walnussöl

Die Kartoffeln in der Schale garen, abkühlen lassen und schälen. In der Zeit den Kürbis waschen, zerteilen, die Kerne auskratzen und den Kürbis mit Schale in kleine Stücke schneiden. Das Olivenöl in einer beschichteten Pfanne erhitzen und den Kürbis darin bei geschlossenem Deckel langsam garen. Sobald der Kürbis etwas zerfällt, ohne Deckel und unter Rühren weich kochen. Für die Konsistenz der Nocken ist es wichtig, möglichst wenig Öl zu verwenden.
Die Kartoffeln und den weichen Kürbis durch den feinen Einsatz der Kartoffelpresse drücken. Zu dieser Masse zuerst das Ei und dann nach und nach das Mehl geben und alles gut miteinander verkneten. Mit Pfeffer, Salz und etwas Muskat würzen und den Teig 20 Minuten ruhen lassen.
In einem großen Topf Wasser mit 1 TL Salz zum Kochen bringen. Mit 2 nassen Teelöffeln kleine Nocken vom Teig abstechen und in das kochende Salzwasser geben. Sobald die Nocken oben schwimmen, mit einer Schaumkelle herausnehmen und abtropfen lassen.
Den Postelein verlesen, waschen und trockenschleudern. Für die Sauce den Orangensaft mit Agavendicksaft, Senf, Pfeffer, Salz und Walnussöl verquirlen und mit dem Salat mischen.
Butter zerlassen, die fertigen Kürbisnocken darin anbraten und mit frisch geriebenem Parmesan bestreuen. Mit dem Postelein-Salat servieren.

Gebratene Kürbisspalten mit Birne

Für 4 Personen
Zubereitung: 30 Minuten

500 g Kürbis, *z.B. Hokkaido*
2 große rote Zwiebeln
1 Knoblauchzehe
4 Zweige Majoran
2 EL Olivenöl
2 Lorbeerblätter
2 feste Birnen, *z.B. Abate*
Pfeffer, Salz

Den Kürbis waschen, je nach Sorte schälen, zerteilen und die Kerne mit einem Löffel herauskratzen. Das Fruchtlfeisch in etwa 1,5 cm breite Spalten schneiden. Die Zwiebeln schälen, halbieren und längs in dünne Spalten schneiden. Knoblauch schälen und fein hacken. Majoranblättchen von den Zweigen zupfen.

Das Olivenöl in einer großen Pfanne erhitzen und die Kürbisspalten zusammen mit den Lorbeerblättern bei mittlerer Hitze 5 Minuten braten. Die Zwiebeln dazu zugeben und weitere 4 Minuten braten.

Die Birnen mit Schale in 1,5 cm breite Spalten schneiden und das Kerngehäuse entfernen. Birnenspalten in die Pfanne zum Gemüse geben und alles zusammen noch weitere 6–8 Minuten unter Rühren fertig braten. Zuletzt den Knoblauch zugeben und noch etwa 1 Minute mitbraten.

Vor dem Servieren mit Salz und Pfeffer abschmecken und mit den Majoranblättchen bestreuen.

Für besonders Hungrige: Als sattmachende Beilage passen am besten frische Gnocchi. Einfach nur kurz in Olivenöl und etwas Majoran anschwenken und mit dem Gemüse servieren.

Kürbisragout mit getrockneten Tomaten

Für 4 Personen
Zubereitung: 25 Minuten

15 g getrocknete Steinpilze
500 g Hokkaidokürbis
1 Zwiebel
1 Knoblauchzehe
3 EL Olivenöl
1/2 Bund Rosmarin
100 ml Weißwein
500 g Spiralnudeln
50 g getrocknete Tomaten
Salz, Pfeffer

Die getrockneten Steinpilze mit 100 ml kochendem Wasser übergießen und etwa 15 Minuten einweichen. Den Kürbis halbieren und die Kerne mit einem Löffel herauskratzen. Den Kürbis mit Schale in etwa 1 cm große Würfel schneiden. Zwiebel und Knoblauch schälen und fein würfeln.
Das Olivenöl in einem Topf erhitzen und die Zwiebel darin anbraten. Kürbiswürfel und Rosmarinstiele zugeben und kurz anschmoren. Den Knoblauch zum Gemüse geben und sofort mit Weißwein ablöschen. Die Steinpilze samt Einweichwasser ebenfalls dazugeben. Bei mittlerer Hitze alles zusammen 10–15 Minuten kochen, bis der Kürbis gar ist.
Inzwischen die Nudeln in reichlich Salzwasser bissfest garen. Die getrockneten Tomaten in feine Streifen schneiden und kurz vor dem Servieren unter das Ragout rühren. Rosmarin entfernen.
Das Ragout mit Salz und Pfeffer abschmecken und zu den Nudeln servieren.

Mediterrane Mini-Frikadellen: 500 g Hackfleisch mit einem eingeweichten Brötchen, gehacktem Knoblauch, etwas Rosmarin, Salz und Pfeffer verkneten. Aus dem Fleischteig kleine Frikadellen formen und in Olivenöl rundherum sanft anbraten.

Die Kartoffel

Eine Beilage wird zum Star

Bei vielen Gerichten führt die Kartoffel leider immer noch ein trauriges Dasein als langweilige Beilage. Das sollte sich ändern!
Die Kartoffel hat das Zeug, als gefeierter Hauptdarsteller in leckeren Gerichte aufzutreten. Wer es nicht glaubt, sollte sie ausprobieren, die vielen unterschiedlichen Sorten, und sich überraschen lassen von spannenden Geschmacksnuancen. Wer einmal eine richtig gute Kartoffel gegessen hat, weiß worum es geht ...
Für den Geschmack ist die richtige Sorte entscheidend. Es gibt viele: alte und neue Sorten, rotschalig, gelbfleischig oder weiß, ja sogar auch pinkfarbene oder blaue Kartoffeln. In den letzten Jahren sind es immer mehr alte Sorten, die wieder angebaut werden. Dabei geht es nicht mehr so sehr um Massenproduktion, sondern vielmehr um den feinen, nuancenreichen Geschmack.

Kartoffel

Powerpaket in vielen Sorten

Herkunft Die Kartoffel ist ein Nachtschattengewächs und mit Tomate und Tabak verwandt. Wegen ihrer schönen Blüten wurde die Kartoffel ursprünglich als Zierpflanze nach Europa gebracht, erst einige Zeit später erkannte man, dass die unterirdischen Nährstoffspeicher der Pflanze, die Knollen, essbar sind. Und außerdem unglaublich vielseitig verwendbar: Gekocht, gebraten, gebacken, als Püree, Suppe oder Eintopf machen Kartoffeln immer eine gute Figur.

Kocheigenschaften Kartoffeln müssen gegart verzehrt werden. Die Kocheigenschaften der Kartoffeln ergeben sich aus Stärke und Eiweißgehalt, je mehr Stärke enthalten ist, desto mehliger wird die Kartoffel, je mehr Eiweiß, desto fester bleibt sie. Aus diesem Grund werden Kartoffeln auch nach ihren Kocheigenschaften in Gruppen eingeteilt: festkochend, vorwiegend festkochend und mehligkochend. Das sind die häufigsten Sorten:

Festkochend Besonders geeignet für Salate, Salz- und Bratkartoffeln und Gratins sind z.B. Ditta, Nicola, Linda, Sieglinde, La Ratte, Cilena, Princess und Solara.

Vorwiegend festkochend Für Aufläufe, Reibekuchen oder Eintöpfe eignen sich z.B. Agria, Granola, Laura, Rosara und Christa

Mehligkochend Ideal für Püree, Knödel und Suppen sind z.B. Karlena, Afra, Likaria und Bolero.

Inhaltsstoffe Die Kartoffel enthält eine Menge Energie in Form von Kohlehydraten. Sie trägt zu einer basischen Ernährung bei und hemmt die Magensäureproduktion – gut gegen Sodbrennen. Die enthaltenen Vitamine und Mineralstoffe, Calcium, Kalium, Magnesium, Phosphor, Eisen, Vitamin B1, B2, B6, C werden durch das Kochen von Salzkartoffeln zu einem Viertel ausgeschwemmt und teilweise zerstört. Bei Pellkartoffeln bleiben die Mineralstoffe besser enthalten. Soll die Schale mitgegessen werden, sollte man möglichst auf Biokartoffeln zurückgreifen.

Kartoffelpüree mit Friséesalat

Für 4 Personen
Zubereitung: 25 Minuten
Kochzeit: 20 Minuten

Für das Püree
1 kg Kartoffeln
(mehligkochend)
1 EL Butter
200 ml Vollmilch
Muskatnuss
Salz

Für den Salat
1 Friséesalat
1 große Schalotte
2 EL Birnenessig
Salz, Pfeffer
1 EL Akazienhonig
1/2 TL mittelscharfer Senf
3 EL Distelöl
1 EL rosa Pfefferbeeren

Friséesalat putzen, waschen und klein zupfen. Die Schalotte schälen, in feine Ringe schneiden und mit dem Salat mischen.

Für die Vinaigrette Essig mit 1/2 TL Salz, Pfeffer nach Belieben, Honig und Senf gut verrühren. Zuletzt das Öl gut mit einem Schneebesen unterschlagen.

Die Kartoffeln schälen und in Salzwasser weich kochen. Das Wasser abgießen und die Kartoffeln ausdampfen lassen. Durch den feinen Einsatz der Kartoffelpresse drücken und Butter zugeben. Den Topf mit den Kartoffeln zurück auf die ausgeschaltete, aber noch warme Herdplatte stellen, dann wird das Püree besonders locker. Doch Vorsicht, es brennt schnell an! Mit einem Schneebesen soviel von der Milch unterrühren, bis das Püree die gewünschte Konsistenz hat. Mit frisch geriebener Muskatnuss und Salz würzig abschmecken.

Den vorbereiteten Friséesalat mit der Vinaigrette mischen. Ein Viertel des Salates mit zum Püree geben. Jeweils einen großen Klecks der Püree-Salat-Mischung auf einen tiefen Teller geben und mit dem übrigen Friséesalat anrichten. Rosa Pfefferbeeren grob zerstoßen und über das Gericht streuen.

Buntbestreute Taleggio-Kartöffelchen

Für 4 Personen
Zubereitung: 30 Minuten

8 mittelgroße Kartoffeln
(festkochend)
250 g Taleggio
schwarzer Pfeffer
1/2 Laugenbrezel vom Vortag
3 große Shiitake-Pilze
etwas Parmesan
1 EL Olivenöl
1/2 Bund Schnittlauch

Kartoffeln waschen und mit der Schale in Salzwasser in etwa 20 Minuten weich kochen. Die fertig gekochten Kartoffeln abgießen und kurz auskühlen lassen. Anschließend pellen und längs halbieren. Die Kartoffeln mit einem Kugelausstecher oder Teelöffel vorsichtig aushöhlen.
Den Taleggio entrinden, in kleine Würfel schneiden und mit dem Inneren der ausgehöhlten Kartoffeln mischen. Die Masse gut pfeffern und die Kartoffelhälften damit füllen. Die Brezel vom meisten Salz befreien und grob zerbröseln, die Pilze fein hacken. Brezelbrösel und Pilzwürfel über die Kartoffeln streuen und etwas Parmesan darüberreiben.
Eine Auflaufform mit dem Olivenöl dünn auspinseln und die Kartoffelhälften hineinsetzen. Im Backofen bei 220 °C etwa 5 Minuten gratinieren, bis der Käse zerlaufen ist.
Den Schnittlauch in kleine Röllchen schneiden und frisch auf die Kartoffeln streuen.

Salat zum Kombinieren: Die Kartöffelchen schmecken ganz wunderbar zum Feldsalat mit gebrannten Mandeln von Seite 104.

Buttrige Ofenkartoffeln mit Rapunzeln

Für 4 Personen
Zubereitung: 20 Minuten
Backzeit: 40 Minuten

Für die Kartoffeln
1 kg große Bio-Kartoffeln *(festkochend)*
50 g Butter
Fleur de Sel

Für den Salat
300 g Rapunzelsalat
1 kleine rote Zwiebel
1 EL Himbeeressig
1 TL Dijonsenf
1 EL Blütenhonig
Salz, Pfeffer
3 EL Haselnussöl

Die Kartoffeln mit der Gemüsebürste unter fließendem Wasser gründlich putzen, nicht schälen. Kartoffeln quer halbieren und einen kleinen Stich Butter auf jede Schnittfläche geben. Mit der Schnittfläche nach unten in eine Auflaufform oder auf ein Backblech legen. Bei 180 °C etwa 40 Minuten backen, bis die Kartoffeln innen weich und außen schön knusprig sind.
Rapunzelsalat waschen, trockenschleudern und die Wurzelenden abschneiden. Zwiebel schälen und fein hacken. Himbeeressig mit Senf, Honig, Salz und Pfeffer verrühren, zuletzt das Haselnussöl unterschlagen und die gehackte Zwiebel untermischen. Den Salat mit der Vinaigrette mischen.
Die fertigen Kartoffeln mit Fleur de Sel bestreuen und zusammen mit dem Salat servieren.

Kartoffeln mit Schale? Nur frische und unbehandelte Biokartoffeln mit Schale essen. Und es sollten auch keinerlei grüne Stellen zu sehen sein. Ansonsten die Kartoffeln lieber schälen und grüne Stellen abschneiden – schmeckt genauso gut.

Kartoffelgulasch

Für 6 Personen
Zubereitung: 15 Minuten
Kochzeit: 25 Minuten

1,5 kg Kartoffeln
(vorw. festkochend)
2 Zwiebeln
1 rote Zwiebel
4 EL Olivenöl
1–1,5 l Gemüsebrühe
1 Knoblauchzehe
100 g braune Champignons
1 Bund Oregano
1 EL Tomatenmark
Salz, Pfeffer
1 TL Rohrzucker

Kartoffeln schälen und in etwa 2 cm große Würfel schneiden. Zwiebeln pellen und würfeln. Olivenöl in einem Topf erhitzen und die Kartoffeln kurz scharf anbraten – nur so bekommt das Gulasch sein typisches Kartoffelaroma. Zwiebeln dazugeben, noch etwas weiter braten, dann mit so viel Gemüsebrühe auffüllen, bis die Kartoffeln bedeckt sind.
Knoblauch schälen, Champignons putzen, beides fein hacken und ebenfalls zu den Kartoffeln geben. Oreganoblättchen abzupfen und die Hälfte davon sowie das Tomatenmark unter das Gulasch rühren. Mit Salz, Pfeffer und Zucker würzen und bei mittlerer Hitze etwa 25 Minuten köcheln lassen, bis die Kartoffeln gar sind.
Mit dem restlichen Oregano bestreut servieren.

Für noch mehr Geschmack: Das Gulasch wird kräftiger, wenn man ein paar Mettwürstchen oder Speckwürfel in Stücke schneidet und mitkocht. Statt Gemüsebrühe kann man natürlich auch andere Fonds nehmen. Die Qualität des Gerichts steigt mit der Qualität des verwendeten Fonds.

Kartoffelsalat mit Orangenvinaigrette

Für 6 Personen
Zubereitung: 20 Minuten
Kochzeit: 25 Minuten

- 1,5 kg Kartoffeln *(festkochend)*
- 2 Knoblauchzehen
- 1 Bio-Zitrone
- 2 Bio-Orangen
- 100 ml Gemüsebrühe
- Salz, Pfeffer
- 1 EL Zucker
- 5 EL Olivenöl
- 100 g Oliven ohne Stein
- 1 Bund glatte Petersilie
- evtl. etwas Weißweinessig

Die Kartoffeln waschen und mit Schale in Salzwasser weich kochen. Die Kartoffeln noch warm pellen und vierteln.
Für die Vinaigrette Knoblauch schälen und sehr fein hacken. Mit einem Zestenreißer die Schale der Zitrone abschneiden. Zitrone und Orangen auspressen und den Saft mit der Zitronenschale, Brühe, Knoblauch, Salz, Pfeffer und Zucker mischen. Zuletzt das Olivenöl unterschlagen.
Die Kartoffelviertel mit der Vinaigrette mischen. Die Oliven in Ringe schneiden und zum Kartoffelsalat geben. Den Salat mindestens eine Stunde ziehen lassen.
Vor dem Servieren die Petersilie grob hacken und über dem Salat verteilen. Nach Wunsch noch mit Weißweinessig abschmecken.

Gekräuterte Doraden: Dieser Kartoffelsalat passt hervorragend zu frischen Doraden. Dazu mediterrane Kräuter und viel Knoblauch hacken und mit Olivenöl mischen. Mit diesem Käuteröl die Doraden großzügig einreiben und für 2 Stunden im Kühlschrank marinieren. Die Fische erst nach dem Marinieren salzen und bei kleiner Hitze in Olivenöl sanft braten, bis sie goldbraun sind.

Der Kohl

Ein Klassiker sorgt für Überraschung

Der Kohl war und ist wegen seiner hervorragenden Lagerfähigkeit das klassische Wintergemüse schlechthin. Leider hängt ihm ungerechterweise immer das Image des muffigen, schlecht riechenden Gemüses an. Doch Kohl passt mit seinen sattmachenden, kalorienarmen und vor allem leckeren Eigenschaften hervorragend in die moderne Küche. Er verspricht mit seinem hohen Gehalt an Vitamin A, C, B und E sowie Kalium und Magnesium einen rundum gesunden Genuss.
Wir kennen den Kohl hauptsächlich als Grundlage für viele herzhafte Gerichte. Weit weniger bekannt ist dagegen seine feine Seite in frischen Kombinationen mit Zitronensahne oder Walnussöl. Hier steckt jede Menge Potenzial für die kreative Küche!

Kohl

Lecker, vielfältig, unterschätzt

Weißkohl Der Weißkohl ist der Klassiker unter den Kohlsorten. Milchsauer vergoren als Sauerkraut enthält er sogar Vitamin B12. Das kommt sonst nur in tierischen Lebensmitteln vor und macht Sauerkraut zum idealen Vegetariergemüse. Die weißlich bis hellgrünen, fest geschlossenen Köpfe sind echte Multitalente und können roh oder gekocht, als Beilage oder Hauptgericht, verzehrt werden. Der Weißkohl sollte nie zu lange garen. Er schmeckt am besten mit etwas Biss und enthält dann auch noch viel mehr der wertvollen Vitamine.

Rotkohl Erst durch die Zugabe von Säure wie Essig oder Zitrone wird aus den blauen Köpfen – man sagt vielerorts ja auch „Blaukraut" – der klassische Rotkohl. Diese geschmackvollste aller Kohlsorten passt wunderbar als Beilage zu Fleischgerichten und mag kräftige Gewürze wie Zimt, Nelken und Piment sowie süßliche Zutaten wie Rosinen oder Äpfel. Und zur klassischen Weihnachtsgans darf er natürlich auch nicht fehlen.

Wirsing Seine großen, narbigen Blätter täuschen darüber hinweg, dass der Wirsing eigentlich ein zartes Gemüse ist. Er wird meistens gegart gegessen und schmeckt am besten, wenn er noch etwas Biss hat. Im Winter gibt es Wirsing als Lagerware, im Herbst kommt er frisch vom Feld. Die gelben, inneren Blätter sind milder und zarter als die äußeren dunkelgrünen. Auch roh als Salat macht der Wirsing eine gute Figur.

Grünkohl Der Grünkohl ist der Gesundheits-Spitzenreiter unter den Kohlsorten. Um sich gegen den Frost zu schützen, welcher ihm erst sein Aroma verleiht, reichert er besonders viele Vitamine und Mineralstoffe an und ist im Winter einer der Hauptlieferanten für Vitamin A und C. Da Grünkohl Nitrat einlagert, ist es ratsam, Bioware zu kaufen. Diese wird nicht mit stickstoffhaltigem Kunstdünger gedüngt und speichert deshalb weniger Nitrat. Auch sollte der Grünkohl nicht zu lange gekocht und auch nicht aufgewärmt werden.

Rosenkohl Der Rosenkohl ist eine relativ „junge" Züchtung aus dem Jahre 1795. Die kleinen Minikohlköpfe sehen niedlich aus und schmecken süßlich und bitter zugleich. Auch der Rosenkohl schmeckt erst nach dem ersten Frost und ist dann reich an Vitamin B1 und Folsäure. Der Rosenkohl eignet sich gut für Beilagen und Aufläufe und wird wie der Grünkohl nur gegart gegessen.

Linguine mit Zitronenwirsing

Für 4 Personen
Zubereitung: 25 Minuten

1 kleiner Wirsing, ca. 400 g
1/2 TL Natron
400 g Nudeln, *z.B. Linguine*
40 g Sonnenblumenkerne
1 Bio-Zitrone
200 ml Sahne
Salz, Pfeffer

Vom Wirsing die äußeren Blätter entfernen, den Wirsing vierteln und den Strunk herausschneiden. Wirsing in schmale, lange Streifen schneiden und die dicken Blattrippen aussortieren. Wasser mit Natron und etwas Salz aufkochen und den Wirsing darin etwa 7 Minuten garen. Das Gemüse soll weich sein, aber noch etwas Biss haben. Den Wirsing abgießen und kurz kalt abbrausen, damit die Farbe erhalten bleibt. Die Linguine nach Packungsanweisung bissfest kochen.
Sonnenblumenkerne in einer Pfanne ohne Fett leicht anrösten. Die Schale der Zitrone fein abreiben und den Saft auspressen. Sahne mit Zitronenschale aufkochen und mit Salz und Pfeffer abschmecken, dann den Zitronensaft zugeben.
Die Sahnesauce mit den Linguine und Wirsingstreifen vermischen und alles zusammen kurz erwärmen. Vor dem Servieren mit den gerösteten Sonnenblumenkernen bestreuen.

Rosenkohlsalat mit Orecchiette und Kresse

Für 4 Personen
Zubereitung: 25 Minuten
Marinierzeit: 20 Minuten

- 350 g Rosenkohl
- 1/2 TL Natron
- 250 g Nudeln, *z.B. Orecchiette*
- 70 g getrocknete Tomaten
- 100 g Pinienkerne
- 2 Knoblauchzehen
- 2 Schälchen Kresse
- 50 g Parmesan
- 3 EL Olivenöl
- 50 ml Gemüsebrühe
- Saft von 1/2 Zitrone
- Meersalz, Pfeffer
- 1 EL rosa Pfefferbeeren

Rosenkohl putzen, den Stielansatz abschneiden und die äußeren Blätter entfernen. In einem Topf Wasser mit Natron und etwas Salz aufkochen und den Rosenkohl darin 7 Minuten garen. Das Wasser abschütten, den Rosenkohl kurz kalt abbrausen und weitere 7–10 Minuten in frischem, kochendem Salzwasser weiterkochen, bis er fast gar ist. Das Wasser abgießen, den Rosenkohl nochmals kurz kalt abbrausen und zur Seite stellen.
Die Nudeln in Salzwasser bissfest garen, kalt abschrecken und ebenfalls zur Seite stellen. Die getrockneten Tomaten in dünne Streifen schneiden. Pinienkerne ohne Fett in einer Pfanne hellbraun anrösten.
Knoblauch schälen, Kresse von 1 Schälchen abschneiden, Parmesan reiben und alles zusammen mit Öl, Brühe und Zitronensaft pürieren. Den Rosenkohl mit dem Kressedressing mischen – sehr große Röschen vorher hablieren. Die noch warmen Nudeln sowie die Pinienkerne und die getrockneten Tomaten ebenfalls untermischen und mit Meersalz, Pfeffer und gemörserten rosa Pfefferbeeren abschmecken. Mit der Kresse aus dem zweiten Schälchen bestreuen.
Der Salat sollte vor dem Servieren 20 Minuten ziehen.

Lecker dazu: Reichen Sie frisches Baguette mit Kressebutter dazu. Dafür weiche Butter mit Pfeffer, Salz und frisch geschnittener Kresse vermischen und auf Baguettescheiben streichen.

Krautsalat mit Clementine und Walnussöl

Für 4 Personen
Zubereitung: 20 Minuten
Marinierzeit: 2 Stunden

- 1 Weißkohl, ca. 1,5 kg
- 5 Bio-Clementinen
- Saft von 1 Zitrone
- 1 TL heller Balsamico
- 1 EL Akazienhonig
- 1 TL feiner Senf
- 100 ml Walnussöl
- Salz, schwarzer Pfeffer

Die äußeren Blätter des Kohls entfernen, Kohlkopf vierteln und den Strunk herausschneiden. Die Kohlviertel auf einem Gemüsehobel in feine Streifen hobeln. Kohlstreifen in eine Salatschüssel geben, etwas salzen und kräftig durchkneten, so nimmt der Kohl das Dressing besser auf und wird zarter.

Schale von 1 Clementine sehr fein abreiben. 4 Clementinen auspressen. Den Saft mit dem Zitronensaft, der abgeriebenen Clementinenschale, Balsamico, Honig und Senf mit einem Schneebesen verrühren. Zuletzt das Walnussöl unterschlagen. Mit Salz und schwarzem Pfeffer kräftig würzen. Das Dressing über den Kohl geben und alles gut vermischen.

Die letzte Clementine filetieren und in kleinen Stücken zum Krautsalat geben. Den Salat mindestens 2 Stunden ziehen lassen, danach noch einmal kräftig abschmecken.

Brotzeit: Der Krautsalat passt gut zu einer deftigen Brotzeit mit frischem knusprigem Roggenbrot und würzigem Bergkäse.

Pfannengerührte Rotkohlstreifen

Für 4 Personen
Zubereitung: 20 Minuten

- 1 Rotkohl, ca. 700 g
- 3 EL Olivenöl
- 3 EL Apfelbalsamico
- 3 Nelken
- 3 Pimentkörner
- Salz, Pfeffer
- 1 EL Rohrzucker

Die äußeren Rotkohlblätter entfernen. Nun den Rotkohl vierteln, den Strunk herausschneiden und die Blätter in etwa 1,5 cm breite Streifen schneiden. Die dicken, weißen Blattrippen herausschneiden und aussortieren.
Olivenöl in einer gusseisernen Pfanne erhitzen und den Rotkohl darin bei mittlerer Hitze etwa 10 Minuten anbraten. Mit Apfelbalsamico ablöschen.
Nelken und Pimentkörner im Mörser zerkleinern und zum Rotkohl geben. Mit Salz und Pfeffer abschmecken. Den Rohrzucker zugeben und alles zusammen leicht karamellisieren lassen, bis der Rotkohl weich ist.

Ein richtiges Festessen: Dieser Rotkohl passt wunderbar zu rosa gebratener Entenbrust. Dafür pro Person eine Entenbrust auf der Hautseite 5 Minuten scharf anbraten, wenden und auf der Fleischseite weitere 5 Minuten braten. Die Entenbrust in Alufolie wickeln und 10 Minuten bei 100 °C im Ofen ruhen lassen.

Die Rüben

Die verkannten Geschmackswunder

Immer noch umgibt die Rübe hartnäckig das Image des Arme-Leute-Essens aus Kriegs- und Hungerjahren. Sehr zu Unrecht! Also ran an dieses leckere Gemüse: Langsam in Butter geschmort entfalten die Rüben ihr volles Aroma und begeistern mit einem sanften und milden Geschmack. Kurz blanchiert oder knapp gegart erinnert die Steckrübe an einen leicht scharfen Kohlrabi.
Aber auch die anderen Sorten – Teltower Rübchen, Goldrübchen oder Navetterübchen – haben einiges zu bieten. Alle Rübensorten mögen die Kombination mit süßen oder geräucherten Zutaten. Ausprobieren und verlieben!

Rüben

Endlich wiederentdeckt: Sortenvielfalt mit Geschmack

Möglichst klein und fein Bei Rüben gilt: Je kleiner desto besser. Größere Exemplare werden schnell holzig, was einem den Genuss leicht verderben kann. Die in allen Rüben enthaltenen ätherischen Öle wirken wie ein natürliches Antibiotikum und schützen so vor Erkältungen. Gerade im Winter eine willkommene Begleiterscheinung zum leckeren Geschmack. Ansonsten steckt in den Rüben Vitamin C und B6 sowie jede Menge Ballaststoffe. Je weniger Wasser zum Garen verwendet wird, desto besser. Rüben laugen schnell aus und verlieren ihre wertvollen Inaltsstoffe.

Steckrübe So mancher wird überrascht sein, dass der Geschmack der Steckrübe ähnlich eines intensiven Kohlrabis ist. Dieser soll bei der Entstehung der Steckrübe auch seinen Beitrag geleistet haben. Es wird vermutet, dass die Steckrübe aus einer Kreuzung von Herbstrübe und Kohlrabi entstanden ist. Steckrübensorten variieren von orange-violetten bis zu gelb-grünen Exemplaren. Sie sollten nicht zu lange gekocht, sondern nur kurz blanchiert oder knapp gegart werden. In Butter geschmort sind Steckrüben ein kulinarisches Vergnügen.

Goldrübchen Goldrübchen sind kleine, kugelige gelbe Rüben. Sie sind im Vergleich mit der Steckrübe etwas feiner und zarter im Geschmack. Auch hier gilt: Die kleinsten sind die besten. Goldrübchen passen als Beilage zu Geflügelgerichten. Gemischt mit anderem Wurzelgemüse und im Backofen gegart werden sie zur Hauptspeise. Auch in Butter geschwenkt und mit etwas Honig karamellisiert sind Goldrübchen ein Genuss.

Teltower Rübchen Teltower Rübchen sind seit 1993 herkunftsgeschützt. Nur die Rüben, welche aus dem richtigen Samen gewachsen sind und im Raum Teltow in der Mark Brandenburg angebaut werden, dürfen sich „Echte Teltower Rübchen" nennen. Die Form der Teltower Rübchen erinnert an verwachsene Petersilienwurzeln, mit Seitenwurzeln und ungleichem Wuchs. Sie sind sehr würzig mit scharf-süßlichem Aroma. Da sie sehr schwer zu bekommen sind, bestellt man sie am besten direkt beim Erzeuger in Teltow. Der Aufwand lohnt!

Karamellisierte Steckrüben mit Berglinsen

Für 4 Personen
Zubereitung: 30 Minuten
Marinierzeit: 2 Stunden

100 g Berglinsen
1 Möhre
1 dünne Stange Lauch
1 rote Zwiebel
4 Datteln
6 EL Olivenöl
Saft von 1 Zitrone
Salz, Pfeffer
1/2 TL Kreuzkümmel, gemahlen
1 TL Fenchelsamen
400 g Steckrübe
2 EL Honig

Linsen verlesen und in einem halben Liter ungesalzenem Wasser 20 Minuten bissfest garen.
Die Möhre schälen und fein würfeln. Den Lauch putzen, der Länge nach vierteln und in kleine Würfel schneiden. Alles zusammen 3 Minuten in wenig kochendem Salzwasser blanchieren, in ein Sieb abgießen und kalt abschrecken. Die rote Zwiebel schälen und sehr fein würfeln. Die Datteln entkernen und in kleine Würfel schneiden. Das blanchierte Gemüse, Zwiebel- und Dattelwürfel mit den Linsen mischen.
4 EL Olivenöl mit dem Zitronensaft mischen, mit Salz, Pfeffer und Kreuzkümmel würzen und zum Linsengemüse geben. Den Linsensalat etwa 2 Stunden ziehen lassen.
Die Fenchelsamen in der Pfanne ohne Fett ganz leicht anrösten und beiseite stellen. Die Steckrübe schälen, achteln und in Scheiben schneiden. Das restliche Olivenöl in einer großen Pfanne erhitzen und die Steckrüben darin etwa 5 Minuten anbraten, dann mit etwas Wasser ablöschen und bei starker Hitze 2 Minuten garen. Die Fenchelsamen sowie den Honig zugeben und leicht karamellisieren lassen. Mit Salz und Pfeffer würzen und mit dem Linsensalat servieren.

Steckrübensuppe mit Salbei-Gremolata

Für 4 Personen

Zubereitung: 50 Minuten

Für die Suppe

750 g Steckrüben

200 g Kartoffeln *(mehligkochend)*

1 Zwiebel

2 EL Kokosfett

700 ml Gemüsefond

20 g Ingwer

1 Rosmarinzweig

300 ml Vollmilch

Salz, Pfeffer

2–3 EL Balsamico-Essig

Für die Gremolata

60 g Pinienkerne

1/2 Bund Salbei

60 g getrocknete Tomaten

Steckrüben, Kartoffeln und Zwiebel schälen und alles in grobe Würfel schneiden.
Kokosfett in einem großen Topf erhitzen, darin Steckrüben, Kartoffeln und Zwiebel kurz anbraten. Mit dem Gemüsefond auffüllen. Ingwer schälen, fein hacken und mit dem Rosmarinzweig zur Suppe geben. 25 Minuten köcheln lassen.
Für die Gremolata die Pinienkerne in einer Pfanne ohne Öl anrösten. Salbeiblätter von den Zweigen lösen und fein hacken. Die getrockneten Tomaten klein schneiden. Die gerösteten Pinienkerne hacken und mit Salbei und Tomaten mischen.
Wenn das Gemüse weich ist, den Rosmarin aus der Suppe nehmen und die Milch dazugeben. Die Suppe mit dem Pürierstab grob durchpürieren – sie soll cremig, aber ziemlich dick sein, ein paar Stücke sind gewollt.
Die Suppe mit Salz, Pfeffer und Balsamico-Essig abschmecken, auf Teller verteilen und in die Mitte jeweils ein Löffelchen von der Gremolata geben.

Leckere Resteverwertung: Ein Ciabatta-Brot vom Vortag in Scheiben schneiden und mit etwas Butter in der Pfanne anrösten. Anschließend die gerösteten Brotscheiben mit der Schnittfläche einer halben Knoblauchzehe einreiben.

Goldrübchen „Köhler Art"

Für 4 Personen
Zubereitung: 25 Minuten

- 500 g Goldrübchen
- 2 Fumelle Piu, ca. 250 g *(geräucherter Mozzarella)*
- 200 ml Sahne
- 1/2 Bund glatte Petersilie
- 250 g Nudeln
- Salz, Pfeffer
- Muskatnuss

Goldrübchen schälen und in etwa 0,5 cm breite Stifte schneiden. Den geräucherten Mozarella in kleine Würfel schneiden und mit der Sahne in einem Topf unter Rühren langsam erhitzen, bis er fast ganz geschmolzen ist. Die Petersilie hacken.
Nudeln nach Packungsanweisung in reichlich Salzwasser kochen. Für die letzten 4 Minuten der Kochzeit die Goldrübchenstifte dazugeben und mitkochen.
Goldrübchenstifte und Nudeln abgießen und mit der fertigen Sahne-Mozarella-Sauce vermischen. Mit Salz, Pfeffer und etwas frisch geriebener Muskatnuss abschmecken und die gehackte Petersilie auf das fertige Gericht streuen.

Ersatzweise: Wer keine Goldrübchen bekommt, kann auch jede andere Rübchensorte verwenden. Die Fumelle können durch geräucherten Scamorza oder anderen Räucherkäse ersetzt werden.

Neuseeländisches Röstgemüse

Für 4 Personen
Zubereitung: 20 Minuten
Backzeit: 45 Minuten

200 g Navetterübchen
200 g Goldrübchen
100 g Karotten
200 g Pastinaken
3 Zwiebeln
1 Apfel
200 g kleine Kartoffeln
Saft von 1 Zitrone
150 ml Brühe
4 EL Olivenöl
1 Knoblauchzehe
1/2 Bund Thymian
1 EL Honig
Salz, Pfeffer

Navette- und Goldrübchen schälen und vierteln. Die Karotte und Pastinaken schälen und schräg in Scheiben schneiden. Zwiebeln schälen und achteln. Den Apfel ebenfalls achteln und das Kerngehäuse entfernen. Die Kartoffeln unter fließendem Wasser gründlich abbürsten und halbieren.
Den Zitronensaft mit Brühe und Olivenöl vermischen. Den Knoblauch schälen, fein hacken und dazugeben. Anschließend die Thymianblättchen von den Stängeln zupfen und zusammen mit Honig, Pfeffer und Salz unterrühren.
Das vorbereitete Gemüse in eine Auflaufform geben. Die Marinade darübergießen und alles gut vermischen. Bei 200 °C im Ofen etwa 45 Minuten backen, bis das Gemüse leicht angebräunt ist. Zwischendurch immer wieder umrühren.

Unkomplizierte Variationen: Auf die gleiche Art und Weise können die unterschiedlichsten Gemüsesorten zubereitet werden. Vielleicht mal Rote Bete oder Fenchel statt der Karotten? Auch die Menge der Gemüsesorten kann man untereinander variieren. Durch das Backen im Ofen bekommt das Gemüse immmer ein herrliches Röstaroma. Statt Thymian passen auch Majoran oder Oregano als Würzkraut gut dazu und mitgegartes Lammfleisch ist eine ideale Ergänzung.

Der Topinambur

Die sättigende Sonnenblume

Als Verwandter der Sonnenblume ist Topinambur doppelt schön: Über der Erde erfreut die Pflanze mit schönen gelben Blüten, unter der Erde versteckt sie Wurzeln mit einem ganz besonderen Geschmack. Nussartig und etwas nach Artischocke schmeckend kommen die eigentümlichen, dicken Wurzeln daher.
Topinambur hat viele Namen: Wegen seiner Form wird er auch Erdbirne, des süßlich-nussigen Geschmacks wegen Jerusalemartischocke und seiner Wirkung wegen Furzknolle genannt – mit Fenchel oder Kümmel im Gericht können Sie diese Begleiterscheinung aber etwas mildern. Zubereiten kann man Topinambur ähnlich vielseitig wie Kartoffeln. Probieren Sie doch mal Topinambur-Pommes mit einem selbstgemachten Ketchup ...

Topinambur

Zurück zu den Wurzeln – mit besonderem Inhaltsstoff

Herkunft Der Legende nach kam die Knolle von Kanada nach Frankreich, wo sie nach dem brasilianischen Indianerstamm der Topinamba benannt wurde. Fälschlicherweise nahm man damals noch an, dass Kanada und Brasilien direkt beieinander lägen. In Deutschland wurde Topinambur schnell zum Grundnahrungsmittel und war dies lange Zeit, bis er von der Kartoffel verdrängt wurde. Lediglich als Viehfutter sowie zum Schnapsbrennen war er noch gut genug.

Verwendung Topinambur kann roh oder gegart gegessen werden. Bei der Verarbeitung muss man aufpassen: Das Fruchtfleisch verfärbt sich an der Luft schnell und wird braun. Um dies zu verhindern, legt man die geschnittenen oder geschälten Knollen in Essig- oder Zitronenwasser. So bleiben sie hell und verfärben sich nicht.
Die Knollen haben eine sehr dünne Schale, weshalb man sie – gründlich geschrubbt – auch ungeschält verwenden kann. Allerdings verlieren sie durch die dünne Schale während der Lagerung auch viel Flüssigkeit und werden weich und schrumpelig. Deshalb Topinambur möglichst immer luftdicht lagern. Im eigenen Garten lässt man die frostunempfindlichen Knollen im Boden und erntet sie frisch nach Bedarf.

Ein besonderer Inhaltsstoff Das wird vor allem Diabetiker und Figurbewusste interessieren: Topinambur enthält das Kohlenhydrat Inulin. Inulin kann vom menschlichen Körper nicht aufgenommen werden, hat damit keinen Einfluss auf den Blutzuckerspiegel und wirkt trotzdem stark sättigend.

Topinambursuppe mit Ziegenkäse

Für 4 Personen
Zubereitung: 35 Minuten

500 g Topinambur
3 große Kartoffeln *(mehligkochend)*
1 Schalotte
2 Lorbeerblätter
2 EL Bratöl
500 ml Gemüsebrühe
200 ml Milch
1/2 Bund Majoran
100 g Crème fraîche
Salz, Pfeffer
etwas Zitronensaft
150 g geaschter Ziegenfrischkäse, *z.B. Chèvre Noire*

Topinambur schälen, in Scheiben schneiden und in eine Schüssel mit Zitronenwasser geben, damit er sich nicht verfärbt. Kartoffeln schälen und in Scheiben schneiden.
Die Schalotte schälen, würfeln und in einem Topf zusammen mit den Lorbeerblättern in Öl anschwitzen. Topinambur und Kartoffeln dazugeben und kurz mitbraten. Mit Brühe und Milch ablöschen, zwei Zweige Majoran hinzufügen und bei mittlerer Hitze etwa 20 Minuten köcheln lassen.
Wenn das Gemüse weich ist, Majoran und Lorbeerblätter herausnehmen und die Suppe fein pürieren. Eventuell noch etwas Milch hinzufügen. Crème fraîche unterrühren, gut pfeffern und mit Salz und etwas Zitronensaft abschmecken.
Von den übrigen Majoranzweigen die Blättchen abzupfen und die Suppe damit garnieren. Den geaschten Ziegenfrischkäse getrennt dazu servieren – er wird in kleinen Stückchen frisch in die Suppe gegeben.

Käsealternativen: Wer keinen Ziegenkäse mag, kann auch einen jungen Pecorino oder milden Frischkäse verwenden.

Lauwarmer Topinambursalat

Für 4 Personen
Zubereitung: 20 Minuten

Für den Salat
300 g Topinambur
200 g Rauke
150 g Radicchio
neutrales Bratöl

Für die Vinaigrette
Saft von1 Limette
2 EL Agavendicksaft
1 TL Senf
Salz, Pfeffer
4 EL Sesamöl
4 EL Mohn

Topinambur nach Belieben geschält oder gründlich gewaschen mit Schale auf dem Gemüsehobel in feine Scheiben schneiden und sofort in Zitronenwasser legen. Rauke waschen, trocken schleudern und verlesen. Den Radicchio putzen und in feine Streifen schneiden.

Für die Vinaigrette Limettensaft, Agavendicksaft, Senf, Salz und Pfeffer vermischen und das Sesamöl unterschlagen. Den Mohn frisch mahlen und mit der Vinaigrette verrühren.

Die Topinamburscheiben in heißem Öl unter Rühren etwa 7 Minuten braten. Die gebratenen Topinambur in die Vinaigrette geben und mit Rauke und Radicchiostreifen vermischen. Den Salat lauwarm servieren.

Feine Begeiter: Zu diesem Salat passen ein duftig gebackenes Französisches Landbrot mit reifem Rohmilch-Weichkäse, wie z.B. L´ Edel de Cleron oder Brie de Meaux.

Geschmälzte Topinamburtaschen

Für 4 Personen
Zubereitung: 40 Minuten
Ruhezeit: 1 Stunde

Für den Teig
300 g Mehl
3 Eier
1 EL Öl
1/2 TL Meersalz

Für die Füllung
200 g Topinambur
50 g Lauch
50 g Ricotta
50 g Semmelbrösel
1 Ei
Pfeffer, Salz
1/2 Bund Thymian
30 g Butterschmalz

Aus Mehl, Eiern, Öl und Salz einen elastischen Nudelteig zubereiten. Bei Bedarf noch etwas Wasser oder Mehl zugeben und den Teig kräftig durchkneten. Den Teig mindestens eine Stunde ruhen lassen.

Topinambur schälen, grob würfeln, in Salzwasser 15 Minuten weich kochen und abkühlen lassen. Den Lauch putzen, fein würfeln und mit etwas kochendem Wasser überbrühen. Drei Minuten ziehen lassen, abgießen und kalt abschrecken.

Ricotta mit Semmelbröseln und Ei mischen, Topinambur zugeben und alles pürieren. Lauch untermischen und mit Pfeffer und Salz würzen. Die Thymianblättchen von den Zweigen zupfen und die Hälfte davon zur Füllung geben. Alles gut vermischen.

Den Nudelteig halbieren und beide Portionen dünn ausrollen. Auf einem Teigstück etwa 8 mal 8 cm große Quadrate markieren und in die Mitte jeweils einen Esslöffel Füllung geben. Die Zwischenräume mit etwas Wasser bestreichen und das zweite Teigstück darüberlegen. Die Luft herausstreichen, die Ränder zwischen den Quadraten gut andrücken und die gefüllten Quadrate auseinanderschneiden.

Die Maultaschen in siedendem Salzwasser etwa 10 Minuten köcheln, danach in Streifen schneiden und in Butterschmalz mit dem restlichen Thymian anbraten.

Topinamburgratin

Für 4 Personen
Zubereitung: 15 Minuten
Backzeit: 30–40 Minuten

1 kg Topinambur
1/2 Bund Majoran
400 ml Sahne
Salz, Pfeffer
Muskatnuss
1 Knoblauchzehe
1 EL Butter

Topinambur schälen, in feine Scheiben hobeln und sofort in kaltes Zitronenwasser legen. Majoranblättchen von den Stielen zupfen. Die Sahne aufkochen und mit Salz, Pfeffer, einigen Majoranblättchen und frisch geriebener Muskatnuss würzen.
Die Knoblauchzehe längs halbieren und mit der Schnittfläche eine Auflaufform ausreiben, dann die Form buttern. Die Topinamburscheiben fächerartig in die Form legen und mit der Sahne übergießen. Bei 180 °C etwa 30–40 Minuten im Ofen backen. Vor dem Servieren mit dem restlichen Majoran bestreuen.

Eine frische Ergänzung: Zu diesem Gratin passt ein frischer grüner Salat, wie er im Rezept zu Rote-Bete-Schnitzel mit Walnusskruste auf Seite 10 beschrieben ist. Die leichte, säuerliche Vinaigrette ist eine gute Ergänzung zum sahnigen Gratin.

Die Wintersalate

Knackige Vitaminspeicher frisch vom Feld

Trotz Kälte und Frost gibt es auch im Winter frische Salate auf den Feldern, denen das ungemütliche Wetter im Freiland kaum etwas ausmacht. Sie sind die gesündere und leckerere Alternative zu weit gereisten Treibhaussalaten.

Heimische Wintersalate können, roh oder gekocht, vielfältig verwendet und überraschend kombiniert werden – gebrannte Mandeln sind zum Beispiel eine prima Gute-Laune-Ergänzung zu einem vitaminreichen Feldsalat. Für eine bedauernswerte Existenz als eher langweilige Beilage sind die frischen und knackigen Wintersalate jedenfalls viel zu schade und spielen deshalb in diesen Rezepten einmal die erste Geige!

Wintersalate

Sie trotzen Kälte, Wind und Schnee

Feldsalat Mittlerweile handelt es sich bei Feldsalat meist um Rapunzelsalat, eine kleinere Sorte mit feineren Blättern. Feldsalat hat einen mild-nussigen Geschmack und wird als Treibhausware oder aus dem Freiland angeboten. Freilandware ist kräftiger im Blatt und schmeckt würziger. Man erkennt ihn an seinen erdig-dreckigen Wurzeln, weswegen er gründlich gewaschen werden muss, aber immer die aromatischere Wahl ist. Feldsalat ist reich an Betakarotin, Folsäure, Vitamin C, Kalium und Eisen.

Postelein oder Winterportulak Der in Vergessenheit geratenen Postelein hat fleischige Blätter mit einem milden, salzig-säuerlichen Geschmack. Die Pflanze kann mit Blatt, Stiel und Blüte gegessen werden, die Blüten schmecken am kräftigsten. Postelein enthält mehr wertvolle Omega-3-Fettsäuren als Fisch und lagert wenig Nitrat ein. Man bekommt ihn bis Ende Februar, vor allem in Bioläden. Mit hohem Vitamin C-, Kalium-, Magnesium- und Eisengehalt ist er ideal für Vegetarier.

Zuckerhut Seinen Namen bekam der Zuckerhut ganz sicher nicht durch seinen Geschmack – er schmeckt nämlich eher bitter als süß –, sondern verdankt ihn vielmehr seiner Form. Der Zuckerhut hält sich sehr lange, wenn die Blätter nach und nach abgepflückt werden bis zu zwei Monate. Zuckerhut kann roh oder gekocht verwendet werden. Ein Bad in lauwarmem Wasser mildert die Bitterstoffe.

Chicorée Der Chicorée schmeckt roh oder gegart und ist zartbitter, saftig und bekömmlich. Als Salat oder auch In Olivenöl scharf angebraten ist er ein herber Genuss. Der Bitterstoff kommt übrigens aus dem Milchsaft der Pflanze, ist aber schon stark weggezüchtet worden. Chicorée sollte dunkel gelagert werden, weil er durch Licht grün und dann erst richtig so bitter wird.

Radicchio Erst durch kältere Temperaturen bekommt der Radicchio seine rote Farbe. Seine Blätter sind dunkelweinrot bis violett mit weißen Adern. Radicchio kann man roh essen, dünsten, braten oder grillen. Genau wie Chicorée schmeckt er zartbitter und wird deswegen gerne anderen Salaten beigemischt. Die Bitterstoffe in Radicchio, Chicorée und Zuckerhut helfen übrigens beim Abnehmen, da sie den Appetit zügeln und die Lust auf Süßes abschwächen. Außerdem wird das Verdauungssystem unterstützt und die Lebertätigkeit angeregt.

Tagliatelle mit Feldsalatpesto

Für 4 Personen
Zubereitung: 20 Minuten

250 g Feldsalat
80 g Walnüsse
150 g Gruyère Supreme
1 Knoblauchzehe
80 ml Walnussöl
500 g Nudeln,
z.B. Tagliatelle
Salz, Pfeffer

Den Feldsalat waschen, trockenschleudern und die Wurzelenden abschneiden. Walnüsse in einer Pfanne ohne Öl anrösten und grob hacken. Den Gruyère fein reiben. Die Knoblauchzehe schälen. Die Tagliatelle nach Packungsanweisung bissfest garen.
150 g Feldsalat zusammen mit den Walnüssen, der Hälfte des Gruyère, dem Knoblauch und dem Walnussöl pürieren. Mit Salz und Pfeffer abschmecken.
Die fertigen Nudeln mit dem Pesto und dem übrigen Feldsalat vermengen. Der restliche Gruyère kann nach Belieben über das Gericht gestreut werden.

Welsfilet in Wermut: Reichen Sie zu diesem Nudelgericht ein mildes Welsfilet. Pro Person 125 g Welsfilet mit Salz, Pfeffer und 4 EL Noilly Prat (Wermut) marinieren. Bei mittlerer Hitze langsam in Butter braten. Der Wels schmeckt am besten, wenn er ganz frisch ist und aus sauberen Gewässern stammt.

Glasierter Zuckerhut

Für 4 Personen als Vorspeise
Zubereitung: 20 Minuten

1 Zuckerhut-Salat, ca. 600 g
2 Orangen
3 EL Olivenöl
2 EL Zucker
Pfeffer, Salz

Die Zuckerhutblätter im Ganzen vom Strunk lösen. Durch ein kurzes Bad in lauwarmem Wasser verliert der Zuckerhut etwas von seinen Bitterstoffen. Danach gründlich abtrocknen. Die Orangen filetieren und in Stücke schneiden.
Olivenöl in einer beschichteten Pfanne erhitzen und den Zuckerhut darin anbraten. Eine leichte Bräunung ist gut für das Aroma, sollte aber nicht zu stark sein. Zucker auf den Salat streuen und bei mittlerer Hitze unter Rühren 5 Minuten glasieren. Eventuell etwas Wasser zugießen. Den glasierten Salat mit wenig Salz und Pfeffer abschmecken.
Die glasierten Salatblätter auf Tellern anrichten und mit den Orangenstücken bestreuen.

Bittere Alternativen: Zuckerhut ist selten erhältlich. Fragen Sie einfach Ihren Gemüsehändler, ob er Zuckerhut für Sie besorgen kann. Alternativ können Sie aber auch Chicorée oder Radicchio nach diesem Rezept zubereiten.

Rotkohlsalat mit Minze und Datteln

Für 4 Personen
Zubereitung: 20 Minuten
Marinierzeit: 2 Stunden

1 Rotkohl, ca. 750 g
3 EL Weißweinessig
1 TL Honigsenf
1 EL Blütenhonig
Salz, Pfeffer
3 EL Olivenöl
80 g Datteln
4 EL Sesam
8 Zweige Minze

Den Rotkohl putzen, vierteln und den Strunk herausschneiden. Auf dem Gemüsehobel in feine Streifen schneiden. Dabei am besten Gummihandschuhe anziehen, da der Rotkohl die Hände färbt. Dicke Blattrippen heraussammeln und den Rotkohl kräftig durchkneten, dadurch wird er zarter.
Essig, Senf, Honig, Salz und Pfeffer miteinander verrühren und zum Schluss das Olivenöl unterschlagen. Datteln entkernen und klein schneiden. Sesam in der Pfanne ohne Fett anrösten und mit den Datteln zur Vinaigrette geben.
Rotkohlstreifen in einem Topf mit der Vinaigrette bei kleiner Hitze ganz leicht erwärmen. Den Topf vom Herd nehmen und den Salat 2 Stunden ziehen lassen.
Die Minzeblätter von den Zweigen zupfen und grob hacken, zum Salat geben und alles zusammen noch einmal fein abschmecken.

Orientalischer Genus: Eine perfekte Ergänzung zum Rotkohlsalat sind knusprige Falafel mit Hummus und Fladenbrot. Frischer Minztee rundet das orientalische Mahl ab.

Kamutpizza mit Postelein

Für 4 Personen
Zubereitung: 35 Minuten
Backzeit: 10 Minuten

Für den Teig
325 ml lauw. Wasser
1 Würfel Hefe
1TL Rohrohrzucker
4 EL Olivenöl
400 g Weizenmehl
100 g Kamutgries
(aus dem Bioladen)
1/2 TL Salz

Für den Belag
500 g Büffelmozarella
400 g Postelein
1/2 Knoblauchzehe
2 EL heller Balsamico
1 TL Dijonsenf
Pfeffer, Salz
1 EL Ahornsirup
3 EL Olivenöl

Wasser, Hefe und Zucker mit 2 EL Olivenöl verrühren und ein paar Minuten ruhen lassen.
Weizenmehl, Gries und Salz in einer Schüssel mischen und in die Mitte eine Mulde drücken. Die Hefemischung in die Mulde geben und nach und nach die Mehlmischung mit der Flüssigkeit zu einem elastischen Teig verkneten. Falls nötig, noch etwas Mehl oder Wasser zugeben. Den Teig zu einer Kugel formen, mit einem Küchentuch bedecken und an einem warmen Ort etwa 1/2 Stunde gehen lassen.
Büffelmozarella in kleine Würfel schneiden, Postelein verlesen, die Stielenden abschneiden und waschen. Knoblauch hacken. Aus Balsamico, Senf, Salz, Pfeffer, Ahornsirup, Knoblauch und Olivenöl eine cremige Vinaigrette anrühren. Den Backofen auf 250 °C vorheizen.
Den Pizzateig noch einmal kräftig durchkneten, in 4 Portionen teilen und auf einer bemehlten Arbeitsfläche knapp 1 cm dick ausrollen. Die Pizzaböden mit dem restlichen Olivenöl einpinseln und mit den Mozarellawürfeln belegen.
Auf ein mit Backpapier ausgelegtes Backblech legen und in 7–10 Minuten goldbraun und knusprig backen. Die Pizzaböden aus dem Ofen nehmen, den Posteleinsalat mit der Vinaigrette vermischen und frisch auf die Pizza geben.

Radicchio-Risotto mit Kräuterseitlingen

Für 4 Personen
Zubereitung: 50 Minuten

Für das Risotto
1 l Gemüsebrühe
1 Zwiebel
125 g Knollensellerie
3 EL Olivenöl
400 g Risottoreis
200 ml Weißwein

Für Radicchio und Pilze
200 g Radicchio
100 g Parmesan
150 g Kräuterseitling
2 EL Butter
Pfeffer, Salz

Gemüsebrühe in einem kleinen Topf erwärmen. Zwiebeln schälen, Knollensellerie waschen und beides in feine Würfel schneiden. Die äußeren Blätter des Radicchio ablösen und den Salat in feine Streifen schneiden. Parmesan fein reiben.

Olivenöl in einem Topf erhitzen, Risottoreis zugeben und glasig werden lassen. Zwiebel- und Knollenselleriewürfel zugeben und bei mittlerer Hitze ebenfalls glasig dünsten. Mit Weißwein ablöschen und unter Rühren bei kleiner Hitze köcheln lassen, bis der Reis die Flüssigkeit aufgenommen hat. Nun die Brühe mit einer Schöpfkelle unter Rühren nach und nach zugeben. Erst dann Brühe nachgießen, wenn der Reis die Flüssigkeit vollkommen aufgesogen hat. Nach etwa 30 Minuten ist die Brühe verbraucht und der Reis gar, aber noch bissfest.

Die Kräuterseitlinge putzen und längs in Scheiben schneiden. Die Butter in einer Pfanne schmelzen und die Pilze darin bei mittlerer Hitze anbraten, mit Salz und Pfeffer würzen.

Das fertige Risotto vom Herd nehmen und bei geschlossenem Deckel noch einige Minuten ziehen lassen. Dann den geriebenen Parmesan unterrühren und mit Salz und Pfeffer abschmecken. Das Risotto mit den Kräuterseitlingen auf Tellern anrichten und mit den Radicchiostreifen bestreuen.

Feldsalat mit gebrannten Mandeln

Für 4 Personen
Zubereitung: 20 Minuten

- 400 g Feldsalat
- 2 EL Apfelbalsamico
- 1 TL Quittengelee
- 3 EL Rohrzucker
- 1 TL Senf
- Salz, Pfeffer
- 3 EL Sesamöl
- 100 ml Wasser
- 3 EL Mandelstifte

Feldsalat gründlich waschen, trockenschleudern und die Wurzelenden abschneiden. Den Apfelbalsamico mit Quittengelee, 1 TL Rohrzucker, Senf, Salz und Pfeffer vermischen. Zum Schluss das Öl unterrühren.

Wasser und den übrigen Zucker in einer beschichteten Pfanne aufkochen und die Mandeln dazugeben. Unter Rühren so lange weiterkochen, bis das Wasser verdampft ist und der Zucker trocken wird. Auf mittlere Temperatur herunterschalten und die Mandeln solange weiter rühren, bis der Zucker wieder schmilzt und die Mandeln karamellisieren. Die gebrannten Mandelstifte auf einer Lage Backpapier ausbreiten, damit sie nicht zusammenkleben und auskühlen lassen.

Den Feldsalat mit dem Dressing mischen. Ganz zum Schluss die gebrannten Mandeln darüberstreuen.

Als Sattmacher: Den Feldsalat kann man sehr gut mit Nudeln kombinieren. Dazu den fertig angemachten Salat mit frisch gekochten Nudeln vermischen, frisch geriebenen Parmesan darüberstreuen und lauwarm genießen.

Die Pastinake

Rückkehr einer aromatischen Wurzel

In den letzten Jahren erlebten wir in unseren Küchen ein aromatisches Comeback: Die Pastinake ist wieder da! Obwohl schon fast vergessen, war sie bei uns lange ein wichtiges Grundnahrungsmittel. Ab der Mitte des 18. Jahrhunderts wurde die Pastinakenwurzel bedauerlicherweise von der Kartoffel verdrängt und blieb nur im englischsprachigen Raum bis heute weit verbreitet und beliebt. Ein Klassiker der englischen Pastinakenküche ist das Pastinakenpüree. Zubereitet wie Kartoffelpüree, begleiten die aromatischen „mashed parsnips" deftige Fleisch- und Geflügelgerichte.
Die Pastinake lädt zum Experimentieren ein. Sie verträgt sich mit fast allen Zutaten und Aromen, ihre Zubereitung ist unkompliziert. Man kann also kaum etwas falsch machen, aber sich immer wieder neu von der Pastinake als Aroma-Entdeckung überraschen lassen.

Pastinake

Das gesunde Multitalent für Groß und Klein

Steckbrief Die Pastinake sieht aus wie eine große Petersilienwurzel, mit der sie auch nah verwandt ist. Einzig durch den tieferliegenden Blätteransatz kann man die beiden Wurzeln äußerlich voneinander unterscheiden. Die Pastinaken bleiben den ganzen Winter über auf den Feldern in der Erde und werden bis in den März hinein immer wieder frisch geerntet. Erst durch den Frost bekommen die rübenartigen Wurzeln ihren vollen Geschmack. Dieser erinnert an eine würzige Möhre, die Konsistenz der Wurzel ist aber weicher und weniger knackig.

Inhaltsstoffe Pastinaken sind ähnlich wie Kartoffeln reich an Kohlehydraten und enthalten viele Ballaststoffe. Der Vitamin-C-Gehalt ist ähnlich der Möhre. Auch Folsäure, Calcium, Eisen, Kalium, Magnesium, Mangan, Phosphor und Zink sind reichlich enthalten. Die vielen ätherischen Öle werden durch Rösten der Wurzeln intensiviert, sind wohltuend für Magen und Darm und sollen auch bei Erkältungen schleimlösend wirken.

Verwendung Pastinakenwurzeln enthalten Pektin, das wie ein natürliches Bindemittel wirkt. Deshalb sollte man sie immer mit reichlich Flüssigkeit kochen, da das Pektin die Soßen sämig macht und sie dadurch schnell anbrennen können. Beim Braten haben Pastinaken die Eigenschaft, schnell braun und damit bitter zu werden – also immer nur mit milder Hitze arbeiten. Die Blätter der Pastinake sind übrigens ähnlich aromatisch wie Petersilie und verlieren im Gegensatz zu dieser ihr Aroma beim Kochen nicht. Hat man das Glück, Pastinaken mit Kraut zu bekommen, sollte man sich diese Gelegenheit nicht entgehen lassen.

Ideal für Babys Für Babynahrung haben sich Pastinakenwurzeln hierzulande schon viel besser durchgesetzt als in der normalen Küche. Sie sind ein guter Ersatz für die Karotte, die im Verdacht steht, Allergien auszulösen. Auf die Pastinake trifft diese Vermutung nicht zu. Viele Babys wachsen heute wieder mit dem Geschmack der Pastinaken auf. Und vielleicht wird das in Zukunft dazu beitragen, dass die traditionsreiche Wurzel ihren verdienten Platz auf unserem täglichen Speiseplan zurückerlangen kann.

Pastinaken mit Honig-Cashew-Kruste

Für 4 Personen
Zubereitung: 35 Minuten

4 große Pastinaken, ca. 600 g
4 EL Olivenöl
80 g Cashew-Kerne
100 g Fetakäse
1 EL flüssiger Honig
1 Bund glatte Petersilie
Schale von 1 Bio-Zitrone
Pfeffer, Salz
1/2 TL mildes Paprikapulver

Von den Pastinaken die Enden abschneiden, schälen und halbieren. Eine Auflaufform mit 2 El Olivenöl einfetten. Die Pastinaken mit der Schnittfläche nach unten in die Form legen und mit dem restlichen Olivenöl bestreichen. Bei 175 °C im Backofen etwa 15 Minuten backen, bis die Pastinaken fast gar sind.
In der Zwischenzeit die Cashewkerne bei mittlerer Hitze in einer Pfanne ohne Fett anbräunen und anschließend mit dem Messer fein hacken. Fetakäse zerbröseln und mit dem Honig zu den Nüssen geben. Die Petersilie fein hacken und die Hälfte davon zu der Käse-Nuss-Mischung geben. Mit der abgeriebenen Zitronenschale, Pfeffer, Salz und Paprikapulver würzen.
Die inzwischen fast garen Pastinaken aus dem Ofen nehmen und in der Form wenden. Die Käse-Mischung auf die Schnittflächen geben und noch weitere 5–10 Minuten backen, bis die Pastinaken gar sind. Zum Servieren mit der restlichen Petersilie bestreuen.

Perfekt zu Geflügel: Dieses Gericht ist alleine eine wunderbare Vorspeise. Als Hauptgericht harmoniert es wunderbar mit Geflügelgerichten. Zum Beispiel mit in Zitrone und Honig marinierten Putenbrustfilets: Pro Person ein Putenbrustfilet für etwa 2 Stunden in einer Mischung aus 4 EL Zitronensaft und 2 EL Honig im Kühlschrank marinieren, anschließend salzen und pfeffern und in Kokosfett angebraten.

Dänischer Pastinakenauflauf

Für 4 Personen
Zubereitung: 20 Minuten
Backzeit: 30 Minuten

500 g Pastinaken
2 Zwiebeln
2 Äpfel
2 EL Öl
200 ml Gemüsebrühe
150 g Frischkäse
1/2 Bund Majoran
Salz, Pfeffer
2 TL Currypulver

Pastinaken schälen und in Stücke schneiden. Zwiebeln schälen, halbieren und in Streifen schneiden. Äpfel schälen, achteln und das Kerngehäuse entfernen.
Öl in einer Pfanne erhitzen und die Zwiebeln und Pastinaken darin anbraten. Die Pastinaken dabei ganz leicht anbräunen. Apfelspalten zum Gemüse geben und kurz mitbraten. Mit Gemüsebrühe ablöschen, den Frischkäse dazugeben und diesen unter Rühren auflösen. Majoranblättchen von den Stängeln lösen und die Hälfte davon zum Gemüse geben. Salzen, pfeffern und mit Curry pikant würzen.
Das Gemüse in eine Auflaufform geben und etwa 30 Minuten bei 180 °C im Ofen backen, zwischendurch ab und zu umrühren. Vor dem Servieren mit dem restlichen Majoran bestreuen.

Schweinemedaillons: 250 g Schweinefilet in Medaillons schneiden, kurz scharf anbraten und etwas salzen. Das Fleisch aus der Pfanne nehmen und das Gemüse im Bratensatz, wie im Rezept beschrieben, anbraten und alles zusammen im Ofen fertig garen.

Pastinakencurry mit Koriander

Für 4 Personen
Zubereitung: 35 Minuten
Kochzeit: 1 Stunde

Für das Curry

200 g Kichererbsen
2 Zwiebeln
400 g Pastinaken
400 g Kartoffeln *(festkochend)*
2 EL Kokosfett
1 Dose Tomatenstücke, 240 g
700 ml Gemüsebrühe
30 g Ingwer
1 TL Kreuzkümmel, gemahlen
2 TL Garam Masala
Chilipulver

Für das Korianderpesto

1 Bund Koriander
1 Knoblauchzehe
3 EL natives Sesamöl
150 g Joghurt

Die Kichererbsen über Nacht einweichen. Am nächsten Tag im Einweichwasser ohne Salz in etwa 1 Stunde weich kochen.
Zwiebeln, Pastinaken und Kartoffeln schälen, die Zwiebeln fein würfeln, das Gemüse in grobe Stücke schneiden. Kokosfett in einem Topf schmelzen und die Zwiebeln darin anbraten. Kartoffel- und Pastinakenstücke zugeben und noch etwas mit anbraten. Tomaten, Gemüsebrühe und Kichererbsen dazugeben. Ingwer schälen und fein würfeln oder reiben und die Hälfte davon zum Curry geben. Mit Kreuzkümmel, Garam Masala und Chili je nach gewünschtem Schärfegrad würzen. Bei mittlerer Hitze etwa 20 Minuten leise köcheln lassen.
Korianderblättchen abzupfen, Knoblauch schälen und zusammen mit dem restlichen Ingwer und dem Sesamöl pürieren. Korianderpesto und Joghurt separat zum Curry reichen, so kann jeder nach eigenem Geschmack das Curry damit abschmecken.

Für Eilige: Wenn es schneller gehen soll, kann man natürlich auch Kichererbsen aus der Dose oder dem Glas (500 g Abtropfgewicht) verwenden, die nicht eingeweicht und gekocht werden müssen.

Pastinakensuppe mit weißen Bohnen

Für 4 Personen
Zubereitung: 35 Minuten
Kochzeit: 20 Minuten

- 100 g weiße Bohnen
- 1 Zwiebel
- 2 Knoblauchzehen
- 600 g Pastinaken
- 4 EL Olivenöl
- 800 ml Gemüsebrühe
- 1 Lorbeerblatt
- 6 Scheiben Ciabattabrot
- 100 ml Sahne
- Salz, Pfeffer
- 1 Schälchen Radieschenkresse

Die Bohnen über Nacht einweichen, am nächsten Tag etwa 1 Stunde in ungesalzenem Wasser weich kochen.
Zwiebel schälen und würfeln, Knoblauch schälen und fein hacken. Pastinake ebenfalls schälen und in feine Scheiben schneiden. Eine Handvoll Pastinakenscheiben beiseitestellen. In einem großen Topf 2 EL Olivenöl erhitzen und die Zwiebelwürfel mit den Pastinakenscheiben darin andünsten. Den Knoblauch dazugeben und sofort mit der Brühe ablöschen. Bohnen und Lorbeerblatt zugeben und 20 Minuten leicht köcheln lassen.
Das übrige Olivenöl in einer Pfanne erhitzen und die zurückbehaltenen Pastinakenscheiben darin knusprig braten. Anschließend die Brotscheiben in demselben Fett anrösten.
Wenn die Pastinaken in der Suppe weich sind, das Lorbeerblatt aus der Suppe nehmen, Sahne dazugießen und mit dem Pürierstab fein-cremig pürieren. Falls die Suppe zu dickflüssig wird, noch etwas Wasser zugießen. Mit Salz und Pfeffer abschmecken.
Die Suppe mit Kresse und den gebratenen Pastinakenscheiben garnieren und zusammen mit dem gerösteten Ciabatta servieren.

Keine Radieschenkresse? Wer keine Radieschenkresse bekommt, kann sie sich aus Radieschensamen selber in einem Keimapparat ziehen. Oder auch einfach Gartenkresse oder jede andere erhältliche Kressesorte verwenden.

Register

Das könnte Ihnen schmecken – Essen und Trinken bei Kosmos

Butter bei die Fische
Hamburger Koch-Künstler

Hamburg gilt als die Gourmet-Metropole Deutschlands, in der die meisten Spitzenköche versammelt sind. 18 dieser Kochkünstler stellt dieses Buch vor: in individuellen Porträts lernt man die Stars der Szene und viele ihrer kreativen Rezeptideen kennen.
180 S., 200 Fotos, gebunden
ISBN 978-3-440-10861-1

Sabine Hans
Extra Dry
Die neue Lust am Trocknen und Dörren

Obst und Gemüse, aber auch Fleisch und Fisch schnell und einfach im Backofen, an der Sonne oder auf der Heizung getrocknet, sind ein besonders intensiver Genuss – ob pur als gesunder Snack, gemahlen als hocharomatisches Würzpulver oder als köstliche Zutat für zahlreiche Gerichte.
144 S., 120 Fotos, gebunden
ISBN 978-3-440-11444-5

Andres C. Studer
Männer kochen – Frauen genießen

Liebe geht durch den Magen, und mit einem selbst gekochten Candle-Light-Dinner kann man(n) jede Frau verführen. Fernsehkoch Andreas C. Studer liefert dafür originelle aber einfache Rezepte und inspiriert zum Verwöhnen, Verzaubern und natürlich zum Vernaschen.
96 S., 60 Fotos, gebunden
ISBN 987-3-440-11667-8

Die Schnitte
Eine Hommage an das Butterbrot

Es kommt darauf an, was man drauf hat: Das Brot ist nur die Basis, der Belag macht's! Ob schlicht und bodenständig oder luxuriös und international, ob „Mettknifte" oder „Nussbrot mit Honig-Garnelen" – die kreativen Schnitten lassen keine Wünsche offen.
186 S., 70 Fotos, gebunden
ISBN 978-3-440-11315-8

Graham Harding
Kosmos Weinsammelsurium

Wie heißt der älteste Wein, den man jemals probiert hat? Welche Weine hat James Bond in seinen Filmen getrunken? Wie weit kann ein Champagnerkorken fliegen? Graham Harding präsentiert in seinem Buch auf unterhaltsame Weise Geschichten, Anekdoten und köstliche Kuriositäten aus der Welt der gepflegten Trinkkultur.
160 S., 150 Illustrationen, gebunden
ISBN 978-3-440-11243-4

Ingo Swoboda, Jan C. Brettschneider, Pio
Ziegenkäse. Chèvre

Eine Hommage an den Chèvre: Ein Kochbuch mit raffinierten Rezepten von Vorspeise bis Dessert, mit Geschichte und Warenkunde. Und zugleich eine Liebeserklärung an einen Käse, der sich in seiner Einfachheit so vielfältig und facettenreich präsentiert wie kein anderer.
128 S., 100 Fotos, gebunden
ISBN 978-3-440-11087-4

Danke!
Ich bedanke mich bei folgenden Bio-Höfen für ihre schönen Felder und die Möglichkeit, dort fotografieren zu dürfen:

Knollmanns Hof, Bad Salzuflen / www.hofladen-weissenbach.de
Trantenrother Hof, Witten / www.trantenrother-hof.de
Werkhof Dortmund / www.abokiste24.de

Bildnachweis:

Alle 61 Farbfotos wurden von Anne Rogge für dieses Buch aufgenommen.

Impressum:

Umschlaggestaltung von eStudio Calamar sowie Anne Rogge und Jan Jankovic unter Verwendung von Farbfotos von Anne Rogge.

Mit 61 Farbfotos

Unser gesamtes lieferbares Programm und viele weitere Informationen zu unseren Büchern, Spielen, Experimentierkästen, DVDs, Autoren und Aktivitäten finden sie unter **www.kosmos.de**

Gedruckt auf chlorfrei gebleichtem Papier

ISBN 978-3-440-11614-2
Redaktion: Claudia Salata
Idee, Konzept und Rezepte: Anne Rogge
Fotografie und Foodstyling: Anne Rogge
Gestaltungskonzept, Gestaltung und Satz: Jan Jankovic
Produktion: Eva Schmidt
Printed in Germany / Imprimé en Allemagne

Ein besonderes Geschmackserlebnis

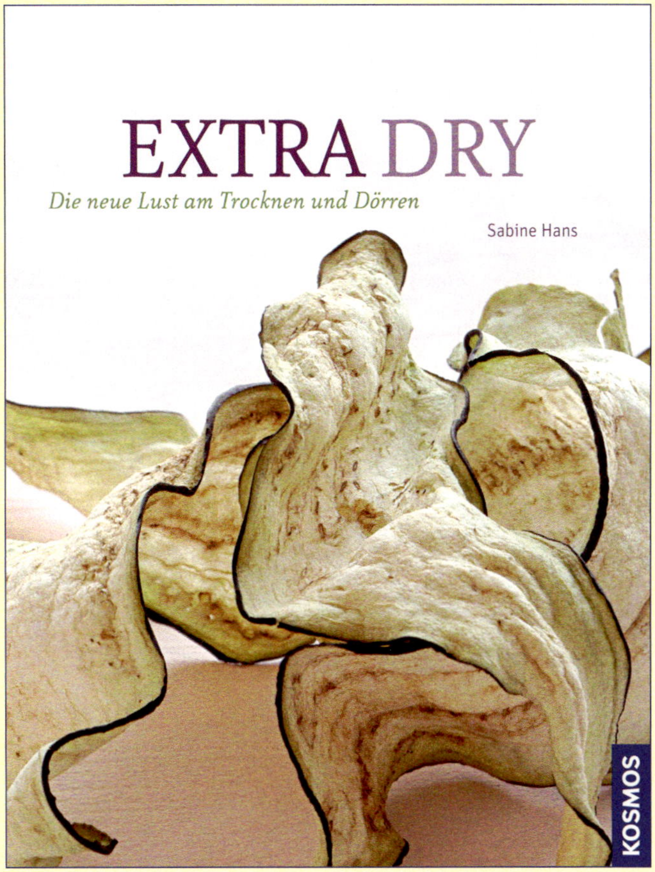

Sabine Hans
Extra dry
144 Seiten, ca. 120 Farbfotos
€/D 29,90; €/A 30,80; sFr 58,–
Preisänderung vorbehalten
ISBN 978-3-440-11444-5

- Die besten Rezepte mit getrocknetem Obst, Gemüse, Fisch und Fleisch.

Knusprige Rote-Bete-Chips, fruchtige Mangostreifen, würziges Karottenpulver: Schnell und einfach im Backofen oder an der Sonne getrocknet, sind Obst und Gemüse, aber auch Fisch und Fleisch nicht nur lange haltbar, sondern auch ein intensiver Genuss. Ob pur als gesunder Snack oder als köstliche Zutat für Gerichte von Suppen bis Dessert – die kulinarischen Einsatzmöglichkeiten sind unbegrenzt.

www.kosmos.de

KOSMOS